LETTRE

A

MONSIEUR

D'ALEMBERT.

A NEUCHATEL.

M. DCC. LXXX.

LETTRE

A MONSIEUR D'ALEMBERT.

Jusqu'a présent, Monsieur, je n'ai ofé franchir l'intervalle immenfe, que les titres éclatans dont vous êtes revêtu mettoient entre vous & moi. Mais il me paroît fi prodigieufement raccourci par la lettre que vous avez fait inférer dans le Mercure du 25 Septembre dernier ; le ftyle de M. Muzell Stofch eft fi raffurant ; il prouve fi invinciblement combien vous êtes de bonne compofition fur le mérite littéraire de vos correfpondans ; que je me fens le courage d'examiner avec vous quelques articles de la lettre de M. de Stofch, & de vous demander des éclairciffemens dont le Public a fûrement autant de befoin que moi, pour concilier les contradictions qui fé trouvent entre ce que vous faites, & ce que vous dites ; fuppofé qu'il vous

obſerve, & vous liſe avec aſſez d'atten-
tion , pour qu'elles ne lui ayent pas
échappé. Je ſerai forcée , Monſieur, de
vous copier ſouvent : je vous promets
de le faire plus exactement que vous
n'avez copié M. de Stoſch , dans les cha-
ritables notes dont votre bénignité a jugé
à propos de *groſſir* l'Eloge de Milord
Maréchal ; ſi toutefois on peut croire
que vous ayez imprimé *en entier*, ce qui
vous a été écrit de Berlin , au ſujet de
J. J. Rouſſeau. Car il y a entre ces *deux*
copies de la *même lettre*, des différences
qui tirent à de ſérieuſes conſéquences.
C'eſt ce que je vous ſupplie de trouver
bon que j'eſſaye de vous démontrer. Il eſt
poſſible, je l'avoue , qu'on omette par
pure inadvertance, tout auſſi bien que
par mauvaiſe volonté , un mot, une
phraſe même , d'une lettre que l'on rap-
porte : mais , on n'y ajoute pas ſans
deſſein ; & quand l'addition qu'on ſe
permet tend à nuire à quelqu'un , contre
qui on a une animoſité reconnue, &
qui n'eſt plus en état de ſe défendre ;
ce procédé réunit les caracteres de la
baſſeſſe à ceux de l'infidélité. Voila pourtant, Monſieur ; de quoi vous vous êtes

rendu coupable. C'eſt avec regret que je ſuis obligée de vous le reprocher ; & pour me dédommager de ce qu'il m'en coûte pour remplir ce pénible devoir, convaincue que, vous offrir une nouvelle occaſion de développer vos ſentimens & vos idées, c'eſt concourir à votre gloire, je veux, en dépit de toute méthode, avant de m'occuper de l'éloquent Pruſſien, vous adreſſer humblement les queſtions dont votre lettre me fournit le ſujet. Auſſi bien, celui qui porte avec tant d'honneur le ſceptre de la philoſophie encyclopédique, doit-il avoir le pas ſur tout le monde, *même ſur Monſieur le Baron de Stoſch.*

On dit Meſſieurs, dites-vous, Monſieur, aux Redacteurs du Mercure, *que pluſieurs amis de feu M. Rouſſeau, (qui méritent qu'on leur réponde) révoquent en doute,* &c. On dit !.... Cela eſt bien vague. Quoi ! Ce ne ſeroit qu'un bruit paſſager que vous auriez ſaiſi à la volée ?..... Perſonne ne vous auroit parlé directement & à fond, du foudroyant écrit qui a paru ſous le titre de *Procès du cœur & de l'eſprit de Monſieur d'Alembert ?......* En effet, il faut bien que vous n'en ayez auune connoiſſance. Ne pouvant eſpérer de le perſuader au Public, vous ne diriez pas que *les amis de M. Rouſſeau, qui méritent qu'on leur réponde*, révoquent en doute la vérité de ce que vous avez dit..... Mon amour propre qui ne manque pas de me placer dans la claſſe des gens qui *méritent qu'on leur réponde*, vous remercie, Monſieur, de la petite careſſe que contient votre ingénieuſe parentheſe : mais, quelque touchée que j'en ſois, elle ne me ſéduira point juſqu'à m'empêcher de vous dire, que la diſtinction que vous accordez à pluſieurs amis de feu M. Rouſſeau, eſt révoltante pour eux-mêmes, en ce qu'elle ſuppoſe que les autres ne la *méritent* pas. Tous ceux qui élevent la voix en faveur du reſpectable objet de vos outrages, *méritent* qu'on les écoute, qu'on leur réponde, que l'on prouve en ſe juſtifiant, ſi cela étoit poſſible ; & puiſque cela ne l'eſt pas, en ſe rétractant, le cas que l'on fait de leur eſtime. Oui, Monſieur, ils le *méritent*, dès que l'intérêt de la vérité, l'amour de la juſtice, & l'enthouſiaſme de la vertu peuvent ſeuls les animer....

Voudriez-vous bien, Monſieur, avoir

la bonté de déterminer ce que vous avez prétendu nous faire entendre en vous exprimant ainſi. *Cette lettre dont je conſerve l'original (que vous ne vous engagez cependant point à produire) m'a été écrite par M. Muzell Stoſch, que je dois nommer ici, pour ſa juſtification & pour la mienne.* Quant à la vôtre, il eſt facile de concevoir, qu'en nommant l'auteur de cette lettre, vous vous lavez du ſoupçon de l'avoir ſuppoſée ; pourvu toutefois que cet auteur vive encore, & qu'il ait la bonne foi de confeſſer cette iniquité ! Mais que l'on puiſſe opérer la *juſtification* d'un homme, en publiant que c'eſt lui qui a écrit une lettre également oppoſée à la vérité, au bon ſens, & à l'honnêteté, c'eſt ce que nous ne comprendrons jamais, ſi vous ne daignez venir à notre aide. Certainement, il faut être Géometre pour réſoudre ce problême-là. . . . . En ce moment, Monſieur, je reçois un petit écrit intitulé *Commentaire ſur la lettre de M. d'Alembert, du 18 Septembre, adreſſée aux Rédacteurs du Mercure de France, inſérée dans celui du 25 Décembre.* Cet écrit m'eſt envoyé par *une perſonne très eſtimable.* Oh ! Pour

celle-là, qui que ce foit n'en difconvien-
dra; fi jamais vous me fommez de la nommer. Quant à moi, je la trouve de plus
très-aimable, car en m'envoyant fur un
texte qu'il n'étoit pas aifé de commenter
de fang froid, un commentaire exempt
d'amertume, de partialité, de préven-
tion, d'inconféquence, en un mot tout
à fait digne de vous être communiqué,
elle favorife à la fois ma pareffe natu-
relle, & le defir que j'ai de trouver dans
tous les amis de l'immortel *Jean-Jacques*,
autant de zele, & plus de talens que je
ne puis lui en confacrer. Voici, Monfieur, ce *Commentaire* : graces, je vous fup-
plie, pour les redites que la circonftance
rend inévitables.

,, *On dit, Meffieurs, que plufieurs amis*
,, *de feu M. Rouffeau (qui méritent qu'on*
,, *leur réponde) révoquent en doute la*
,, *vérité de ce que j'ai dit dans l'Eloge*
,, *de Milord Maréchal, fur les fujets de*
,, *plaintes que le philofophe Genevois lui*
,, *avoit donnés.*

,, Cela plaît à dire à Monfieur le
,, Secrétaire perpétuel de l'Académie
,, Françoife : il eft, ou veut paroître mal
,, informé. Les amis de Rouffeau, ceux

„ qui, felon M. d'Alembert, *méritent qu'on*
„ *leur réponde*, ne s'en font pas tenus à
„ revoquer en doute fes affertions. Ils
„ en ont démontré la fauffeté ; & cela
„ en invoquant le témoignage de Mi-
„ lord Maréchal lui - même. M. d'A-
„ lembert l'ignore-t-il ; où ce témoignage
„ lui paroît-il plus fufpect que celui de
„ M. de Stofch ; où enfin lui auroit-il
„ paru trop accablant pour qu'il ait voulu
„ en reconnoître l'exiftence ?

„ *Ceux qui me connoiffent, favent que*
„ *je fuis incapable d'avancer légérement*
„ *un pareil fait.*

„ Il eft bien malheureux pour M.
„ d'Alembert d'avoir enfin détrompé ceux
„ qui le connoiffoient, où plutôt qui le
„ croyoient *incapable d'avancer légére-*
„ *ment un pareil fait.* Car enfin, quelle
„ vocation l'obligeoit à affirmer à toute
„ l'Europe, que Rouffeau n'avoit été
„ qu'un monftre également vil & ingrat.
„ Dans la fuppofition même d'une fem-
„ blable obligation, devoit - il donner
„ pour *preuves authentiques*, une lettre
„ pleine de contradictions qui n'ont pas
„ pu lui échapper, & que d'ailleurs,
„ tout démontré avoir été mendiée ? Il

,, y a plus : quand au lieu d'avoir ca-
,, lomnié Rousseau, il n'auroit fait qu'en
,, médire, il devroit être regardé comme
,, le plus cruel ennemi de la société !
,, On ne pense pas que personne puisse
,, *révoquer en doute* cette assertion.

,, *Je crois pourtant devoir me défendre*
,, *en imprimant en entier ce qui m'a été*
,, *écrit de Berlin sur ce sujet.*

,, Il eut été plus sage à M. d'Alem-
,, bert, de ne pas se mettre dans la né-
,, cessité de cette défense ; & après s'y
,, être mis, moins deshonorant de se
,, taire, que d'en présenter une pareille
,, au Public.

,, *C'est avec regret que je suis obligé*
,, (M. d'Alembert a du foible pour cette
,, phrase) *de rendre publics plusieurs*
,, *traits de cette lettre ; que j'avois suppri-*
,, *més par ménagement pour celui qui en*
,, *est l'objet : tant j'étois éloigné de vou-*
,, *loir aggraver ses torts.*

,, On est stupéfait en lisant cette ti-
,, rade. Quels sont ~~donc les~~ *traits de*
,, *cette lettre*, supprimés par *ménagement*
,, pour Rousseau ? Les hautes spécula-
,, tions du savant Académicien auroient-
,, elles dérangé son cerveau , ou prend-

,, il fes lecteurs pour des animaux ftupi-
,, des ? Que l'on compare la lettre de
,, M. de Stofch avec les extraits qu'en
,, a faits l'honnête M. d'Alembert ; qu'on
,, examine le parti qu'il en a fû tirer ; &
,, que l'on dife en quoi confiftent les
,, *ménagemens* qu'il a gardés pour la mé-
,, moire de Roufleau. Il faut pourtant
,, convenir qu'en morcellant cette lettre, le
,, PERPÉTUEL SECRETAIRE a ufé de
,, *ménagemens* , & même de *ménagemens*
,, fort prudens. Il a bien fenti que la lettre
,, en entier auroit porté l'antidote avec
,, le poifon ; & c'étoit déja trop pour
,, un homme auffi adroit que lui , d'avoir
,, été obligé de s'y prendre à deux fois
,, pour afféner un coup mortel à la ré-
,, putation de Jean-Jacques.

,, Mais avant de paffer à l'examen de
,, cette lumineufe lettre , il convient de
,, la mettre fous les yeux du lecteur,
,, à côté des extraits qu'en a faits M.
,, d'Alembert dans toute la fimplicité de
,, fon efprit , & la droiture de fon cœur.
,, Ce coup-d'œil eft affez intéreffant ''.

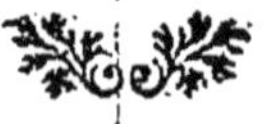

Lettre de M. Mu-zell Stofch à M. d'A-lembert, du 21 Novembre 1778.

Feu M. Rousseau écrivit un jour à Milord Maréchal, qu'il étoit content de son sort ; mais qu'il gémissoit sur celui de sa femme, qui, s'il venoit à mourir, seroit dans la misere ; qu'il se-roit content si par son *industrie*, ilpou-voit seulement lui acquérir une rente de 600 livres de France. Milord Ma-réchal, dont le cœur étoit toujours ou-vert à la bienfai-sance, étant fort attaché à Rousseau, prit *cette plainte pour une insinua-tion*, & assura à

Extraits de cette lettres faits par M. d'Alembert, dans son Eloge de Mi-lord Maréchal.

Pages 49 & 50. Le philosophe Ge-nevois lui écrivit un jour, qu'il étoit content de son sort ; mais qu'il gémissoit sur les malheurs dont sa femme étoit menacée ; en cas qu'elle vint à le perdre : qu'il vou-droit seulement lui procurer *par son travail*, 600 livres de rente. Milord Maréchal se fit un plaisir de donner à cette lettre, le sens que lui suggéroient l'élévation, & la bouté de son ame ; il assura au mari, & à la femme la rente

Jean-Jacques, & à sa femme une rente de 30 louis d'or. Rousseau *n'y répondit pas avec gratitude:* quelque tems après *il fit une querelle au bon Lord Maréchal, lui dit des injures, & garda la pension.* Ceci est bien postérieur à l'affaire de David Hume, que Milord aimoit beaucoup, & qu'il appelloit toujours le bon David. Milord Maréchal avoit joué un rôle dans cette fameuse querelle. *J'en possede toutes les lettres en propre original. Il blâmoit beaucoup Rousseau, disant qu'il faisoit des folies pour faire parler de lui.* Feu Milord Ma-

qui manquoit à leur bonheur.

La vérité nous oblige de dire, (& ce n'est pas sans un regret bien sincere) que le bienfaiteur eut depuis fort à se plaindre de celui qu'il avoit si noblement & si promptement obligé. Mais la mort du coupable, & les justes raisons que nous avons eues de nous en plaindre nous-mêmes, nous obligent à tirer le rideau sur ce détail affligeant, dont les preuves sont malheureusement consignées dans des lettres authentiques. Ces preuves n'ont été connues que depuis la mort de réchal m'avoit donné cette correspondance , avec ordre de ne pas ouvrir le paquet de son vivant. De fréquens voyages m'ont empêché d'y penser après sa mort. Je dois rendre la justice à la mémoire de Lord Maréchal , que malgré les justes plaintes qu'il avoit contre Jean-Jacques , jamais je ne lui ai entendu dire un mot qui fût à son désavantage. Il me montra seulement la dernière lettre qu'il en reçut , & me raconta historiquement l'affaire de la pension. *Aussi* par son testament il lui a légué la montre Milord Maréchal ; car il gardoit toujours le silence sur les tortsqu'on avoit avec lui ; & son cœur indulgent ne lui permit jamais la médisance , ni même la plainte.

Page 87. Il est triste qu'après tant de marques d'estime & d'intérêt données à M. Rousseau, le bienfaisant & paisible Milord qui auroit pû s'attendre à l'amitié , n'ait pas même éprouvé la reconnoissance.

Pages 87 & 88. Milord Maréchal avoit pris beaucoup de part à la querelle trop affligeante & trop connue, faite à M. Hume, par M. Rousseau. Le res

qu'il portoit tou- | pect que nous de-
jours, & qui a été | vons à la vérité, &
envoyée à sa veuve. | à la mémoire de M.
Hume, nous oblige de dire que l'équita-
ble Milord donnoit à M. Rousseau le tort
qu'il avoit si évidemment, & aux yeux
même de ses partisans les plus zélés. Milord Maréchal conserva soigneusement
toute la correspondance qu'il avoit eue
avec ces deux illustres écrivains, & que
peut-être il faudroit supprimer pour
l'honneur du philosophe Genevois, si
celui du philosophe Ecossois n'y étoit
intéressé. Une personne très-estimable, que
Milord honoroit avec justice de son amitié & de sa confiance, nous a écrit ces
propres paroles : ,, Milord m'avoit donné
,, sa correspondance avec Rousseau, en
,, me recommandant de ne l'ouvrir qu'a-
,, près sa mort..... Je dois rendre cette
,, justice à sa mémoire, que malgré les
,, justes sujets de plaintes qu'il avoit
,, contre Jean-Jacques, jamais je ne lui
,, ai entendu dire un mot qui fût à son
,, désavantage ; il me montra seulement
,, la derniere lettre qu'il en reçut, & me
,, conta historiquement l'affaire de la
,, pension ''. Cette lettre [*ajoute la même*

perſonne] étoit remplie *d'injures* : il faut ,
dit le bon Milord en la recevant, *pardon-*
ner ces écarts à un homme que le malheur
rend injuſte, & qu'on doit regarder & trai-
ter comme un malade. Auſſi , *pardonnoit-il*
ſi bien à M. Rouſſeau , que par ſon teſta-
ment il lui a légué la montre qu'il portoit
toujours , elle a été envoyée à ſa veuve.

„ On vient de lire cette lettre de M.
„ de Stoſch , que M. d'Alembert aſſure
„ avoir publiée *en entier.* Ce M. de Stoſch,
„ il faut l'avouer , commence aſſez ſingu-
„ liérement ſes lettres.

„ *Feu M. Rouſſeau écrivit un jour* ,
„ *&c.* , *&c.* Quoi cet homme , qui n'a
„ rien eu à démêler avec Rouſſeau ; que
„ l'on ne peut ſoupçonner d'avoir voulu
„ lui imputer des torts qu'il n'auroit
„ point eus ; cet homme qu'on nous
„ peint ſi déſintéreſſé dans cette affaire ;
„ cet *homme d'honneur & de probité* ,
„ en prenant la plume pour écrire à M.
„ d'Alembert , homme auſſi *d'honneur &*
„ *de probité* , déſintéreſſé comme lui
„ dans cette affaire , n'a pourtant rien
„ de plus preſſé que de parler des crimes
„ de Rouſſeau ; & ne parle à M. d'A-
„ lembert que de cela , comme ſi M.

,, d'Alembert lui eût demandé des mé-
,, moires fur ce fujet!.....Certes, voilà
,, pour deux correfpondans défintéreffés,
,, *hommes d'honneur & de probité*, & dans
,, des difpofitions pour Roufleau non fuf-
,, pectes, une correfpondance bien fur-
,, prenante. Pour moi je foupçonne que
,, le vrai début de cette lettre eft refté
,, entre ces Meffieurs, & que par de
,, très-bonnes raifons, le Public n'eft pas
,, appellé à cette confidence. En effet,
,, où étoit la néceffité de lui apprendre
,, que cette lettre n'étoit au fond qu'une
,, réponfe amicale de M. de Stofch, aux
,, *demandes* amicales de M. d'Alembert ?
,, Pourfuivons. M. Stofch fait dire à
,, Roufleau *qu'il feroit content fi par fon*
,, *induftrie*, &c. Ce terme qui indique fi
,, vifiblement le ton, & le caractere du
,, philofophe Genevois, a paru trop ou-
,, trageant au bon d'Alembert, il s'eft
,, fouvenu à propos que, *qui veut trop*
,, *prouver ne prouve rien*; & il a fubfti-
,, tué le mot de *travail* à celui *d'induftrie*.
,, Excellente correction! On y reconnoît
,, la fineffe académique. Car il eft vrai
,, que travail eft plus doux, plus pro-
,, pre à furprendre la co[illegible]ce du lec-

,, teur, qu'induſtrie, qui l'eût vraiſem-
,, blablement étonné dans la bouche de
,, Rouſſeau : mais qu'il n'eſt pas éton-
,, nant que M. de Stoſch ait employé.
,, *Milord prit cette plainte pour une*
,, *inſinuation*, dit M. de Stoſch. De quelle
,, plainte parle-t-il donc ? auroit pu dire
,, un lecteur bénévole, qui n'auroit vu
,, dans ce qui précede, qu'un épanche-
,, ment de confiance dans le ſein d'un
,, ami, à qui on rend compte de ſes
,, projets. Le Secrétaire de l'Académie
,, Françoiſe, toujours par bonté d'ame,
,, a encore corrigé le ſtyle de ſon corref-
,, pondant ; & ſi heureuſement qu'il ſauve
,, tout à la fois au complaiſant M. de
,, Stoſch, un contre-ſens & une erreur
,, de 120 liv. ſur la penſion, que M. de
,, Stoſch, informé par Milord, portoit à
,, 30 louis, & que M. d'Alembert ſait
,, bien n'être que de 600 liv. Mais....
,, voici bien un autre ſujet de ſcandale !
,, Comment M. le Baron, qui jouiſſoit de-
,, puis 20 ans de toute la confiance de
,, Milord Maréchal, ne ſait pas ce que
,, ce Seigneur a fait il y en a 14 !.....
,, Ah ! Milord, combien cela déroge à
,, l'opinion que l'on avoit de vous ! Quoi !

,, Vous étiez un trompeur ; vous pro-
,, mettiez votre confiance & vous ne la
,, donniez pas ! Cela eſt encore pire que
,, de la mal placer, comme vous en auriez
,, couru les riſques : car enfin, ſe trom-
,, per foi-même n'eſt qu'un malheur, &
,, tromper les autres eſt un tort.

,, *Rouſſeau n'y répondit pas avec gra-*
,, *titude.* Quelle dûreté dans cette ex-
,, preſſion! Mais auſſi quelle aménité dans
,, celle de M. d'Alembert, *il eſt triſte qu'a-*
,, *près*, &c. Non content de cette élé-
,, gante verſion, l'académicien [toujours
,, par *ménagement* pour Rouſſeau] a com-
,, menté le texte de ſon correſpondant,
,, dans le paragraphe qui commence ainſi,
,, page 49. *La vérité nous oblige*, &c.
,, *Quelques tems après il fit une querelle*
,, *au bon Lord Maréchal, lui dit des in-*
,, *jures, & garda la penſion.* Ah ! Pour le
,, coup M. d'Alembert a uſé de ména-
,, gement, car il a ſupprimé la *querelle*
,, *faite*, & la *penſion gardée* : mais pour
,, *les injures dites*, il a préféré d'en rem-
,, plir une lettre. Cela eſt plus fort, mieux
,, conſtaté, & dès-là plus favorable à
,, Jean-Jacques.

,, *Ceci eſt bien poſtérieur à l'affaire de*

„ *David Hume* , *&c.* Je ne vois pas
„ pourquoi M. d'Alembert n'a pas fait
„ ufage de cette phrafe. Eſt-ce encore
„ par *ménagement* , a-t-il imaginé que la
„ querelle faite à Milord par Rouſſeau ,
„ ayant une toute autre cauſe que l'af-
„ faire du *bon David*, ſelon M. de Stoſch,
„ en devenoit plus impardonnable , ou
„ bien a-t-il jugé convenable de ſauver
„ à M. le Baron, l'embarras d'indiquer
„ cette autre cauſe poſtérieure? Il ſem-
„ ble que M. d'Alembert ne compte pas
„ tellement ſur les mémoires du *très-ef-*
„ *timable* M. de Stoſch , qu'il n'ait la
„ précaution d'en faire un uſage fort
„ diſcret. . . . . Mais ne ſeroit-ce pas cette
„ phraſe , *ceci eſt bien poſtérieur* , &c. ,
„ ſupprimée par M. d'Alembert, qui l'au-
„ roit engagé à faire *écrire des injures* à
„ Milord par Jean-Jaques , au lieu de
„ lui en faire *dire*. Si je ne me trompe,
„ Jean-Jacques n'a pas revu Milord, *de-*
„ *puis l'affaire de M. Hume* ; & dans ce
„ cas là , il n'a pas pu lui *dire* des in-
„ jures: mais il auroit pû lui en *écrire* ;
„ on peut donc le ſuppoſer ; & en voilà
„ aſſez pour mettre à l'aiſe M. d'Alem-
„ bert , bien plus attaché , quoiqu'il en

,, dife ,, à la *vraifemblance* qu'à la vérité.
,, J'en *poffede toutes les lettres en pro-*
,, *pre original.* Poſſéder *en propre original*
,, toutes les lettres d'une querelle ?,...
,, Quel jargon ! Un Allemand obligé d'é-
,, crire en François, à un favant qui ne
,, l'entendroit pas, s'il lui écrivoit en Al-
,, lemand, a bien des droits à notre in-
,, dulgence. Mais le bon fens eſt de tous
,, les pays ; & M. le Baron, qui a *tant*
,, *voyagé,* devroit bien, *intelligent,* comme
,, il l'eſt, connoître un peu mieux la
,, langue Françoife, adoptée dans pref-
,, que toutes les cours de l'Europe.
,, *Il* [Milord] *blâmoit beaucoup Rouf-*
,, *feau, difant qu'il faifoit des folies pour*
,, *faire parler de lui.* L'excellent ami que
,, ce *bon* Lord !.... Cependant *malgré*
,, *les juftes plaintes qu'il avoit contre*
,, *Jean-Jaques,* [avoir des plaintes con-
,, tre quelqu'un !.... Mais paſſons] M.
,, de Stofch aſſure ne lui avoir *jamais*
,, *entendu dire un mot qui fût au défavan-*
,, *tage* de ce même Jean-Jacques. Pour-
,, roit-on demander à M. Stofch, ce que
,, c'eſt que parler au *défavantage* de quel-
,, qu'un ; fi la jolie phrafe qu'il *prète* à
,, Milord Maréchal, n'eſt pas au *défa-*

,, *vantage* de Jean-Jacques ? M. de Stofch
,, voudroit-il bien nous expliquer , com-
,, ment Milord ne lui ayant jamais dit
,, un mot au *défavantage de Jean-Jac-*
,, *ques* , lui, M. de Stofch en a tant à
,, dire. Pourroit-on demander à M. d'A-
,, lembert, par quelle efpece de *ménage-*
,, *ment*, il n'a rapporté qu'une partie de
,, ce que dit ici M. de Stofch ? N'auroit-
,, il pas apperçu une contradiction qu'il
,, falloit efcamoter, par *ménagement* pour
,, Jean-Jacques !.... L'indignation me
,, gagne : il faut finir, il faut paffer fous
,, filence, & ce dépôt de la correfpondan-
,, ce, négligé par M. de Stofch jufqu'à
,, l'époque où il écrit à M. d'Alembert ;
,, &les fréquens voyages de M. de Stofch,
,, qui l'ont empêché de *penfer* aux preu-
,, ves de confiance que lui a données
,, un ami de 20 ans, jufqu'au moment
,, où M. d'Alembert lui a rappellé leur
,, exiftence ; & tant d'autres articles de
,, cette incroyable lettre, que tout lec-
,, teur raifonnable faura bien remarquer.
,, C'eft pourtant fur cette lettre, en pleine
,, contradiction avec elle - même & le
,, témoignage *par écrit* de Milord Ma-
,, réchal, que M. d'Alembert nous affure

,, n'avoir *pas le moindre doute fur la*
,, *vérité des faits que M. de Stofch*, *l'hon-*
,, *nête M. de Stofch lui a mandés ;* &
,, pour fe tirer d'affaire il renvoye à fon
,, digne correfpondant ceux qui pour-
,, roient encore douter de la vérité de
,, ces faits. Et voilà ce que M. d'A-
,, lembert appelle fa défenfe " !

Ce que le *très-eftimable* auteur de ce commentaire dit de vous, Monfieur, tout le monde le penfe, même ceux qui n'ayant pas connu les qualités attachantes du philofophe Genevois, ne peuvent avoir pour lui, d'autre fentiment que le refpect qu'infpire à tous les cœurs honnêtes, l'heureux affemblage des plus fublimes talens, & des plus héroïques vertus. Perfonne ne voit fans un mê-lange de mépris & d'horreur, tout ce que la rage également timide & cruelle, que les malheurs & la mort de ce grand homme n'ont pû affouvir, fuppofe de foibleffe & de férocité dans votre carac-tere. Quant à moi, qui aime Jean-Jacques, jufqu'à defirer la haine de tout ce qui le hait, je regrette de ne pas pouvoir la provoquer en me nommant. Ce n'eft pas la crainte qui m'en empêche. Qui-

conque n'employe ſes armes qu'à repouſ-
ſer les efforts de la calomnie ; n'a rien à
redouter de l'autorité légitime ; & ſi la
ténébreuſe intrigue dont Jean-Jacques eſt
depuis ſi long-tems le fléau & la victime,
travailloit à me punir de l'avoir décon-
certée, les gens en place à qui j'ai l'honneur de tenir, ſauroient bien détruire
ſon ouvrage. L'anonyme n'eſt donc point
un maſque dont la puſillanimité me cou-
vre ; c'eſt un voile que la modeſtie étend
ſur mes traits. En le gardant, je rends
un nouvel hommage à la mémoire de
l'illuſtre Rouſſeau, de qui je ne fus pas
moins diſciple qu'amie, & qui n'approu-
voit pas qu'une femme, par quelque
moyen que ce put être, attirât ſur elle
les regards du Public. Cherchez à me
connoître, Monſieur, parvenez-y ; &
vous verrez ſi je vous trompe.

Le 16 Octobre 1779.

P. S. Cette lettre, Monſieur, eſt de
bien vieille date : c'eſt plus votre faute
que la mienne. Je penſe que vous devi-
nerez le mot de cette énigme-là.
Le 29 Novembre 1779.